ESSAI
SUR
BLAISE PASCAL.

IMPRIMERIE DE DUPONT,

HÔTEL DES FERMES.

ESSAI

SUR

BLAISE PASCAL,

Par J.-H. MONIER,

AVOCAT GÉNÉRAL A LA COUR ROYALE DE LYON

A PARIS,

CHEZ PONTHIEU, LIBRAIRE, PALAIS-ROYAL,
Galerie de Bois, N° 251.

1822.

Avant-Propos.

Je n'ai point prétendu écrire la vie de *Pascal*, ni donner une histoire de tous ses travaux. Ceux qui recherchent ces détails les trouveront dans la *Vie* écrite par Madame *Perrier* sa sœur, et dans le discours préliminaire que le Père Bossu a placé à la tête des *Œuvres complètes*.

Nourri de la lecture de Pascal, pénétré d'admiration pour son génie, j'ai cru pouvoir rendre une partie de ce que j'ai senti, et j'ai osé crayonner, tels que je les ai vus, les traits de cet homme extraordinaire. J'ai pensé que cette ébauche, quoiqu'imparfaite, ne serait pas sans charmes pour les cœurs noblement épris de la gloire des grands hommes, et qui trouvent une secrète joie dans les moindres honneurs rendus à leur mémoire.

ESSAI

sur

BLAISE PASCAL.

Depuis plus d'un siècle la philosophie cherchait à s'affranchir de l'autorité d'Aristote et des opinions de l'Ecole: Tycho-Brahée et Képler avaient jeté les fondemens de cette science d'observation, que ne peuvent arrêter dans sa marche, ni les vains prestiges de l'imagination, ni le préjugé d'un nom imposant; Copernic avait ouvert la carrière qu'il était réservé à Newton de parcourir; l'immortel Galilée, après avoir agrandi le domaine de l'astronomie, avait révélé les lois de la mécanique; Huyghens en avait fait d'étonnantes applications, et Descartes éclairait du doute méthodique la recherche de la vérité.

Aucune époque n'avait offert aux regards du

philosophe un plus sublime spectacle. Une ardente émulation s'était emparée de tous les esprits; des expériences nombreuses, d'importantes découvertes semblaient ouvrir un champ plus vaste aux conquêtes de l'esprit humain; de toutes les parties de l'Europe les savans correspondaient entr'eux, s'enflammaient d'un zèle mutuel et formaient, en faveur de la raison, une ligue sacrée contre les vieilles erreurs.

C'est au milieu de ce grand mouvement que parut ce Blaise Pascal, dont l'enfance même appartient aux fastes du génie; qui, dans l'âge où l'éducation fait éclore à peine les premières dispositions de l'homme, dominait déjà dans l'empire des sciences, et qui, dans le cours d'une vie dont la douleur lui disputa les plus belles années, soumit à ses puissantes investigations tout le domaine de la pensée.

Cette instruction préliminaire qui développe le germe de nos facultés naturelles, éclaire notre esprit encore enveloppé de ténèbres et soutient dans ses premiers pas notre raison chancelante, ne put long-temps assujétir cet esprit supérieur qui, dans de telles études, trouvait moins un secours pour sa faiblesse qu'un aliment à de précoces méditations.

Né pour les sciences, il entend de bonne heure

leur langage et saisit sans effort des idées inaccessibles à l'enfance. La prudence d'un père cherche en vain à modérer un si périlleux essor, en dirigeant cette ardeur indomptée vers des sujets plus à la portée d'un âge aussi tendre. Inutile précaution ! Pascal, sur une définition, a deviné la géométrie. Loin de tous les regards, à onze ans, recueilli comme avait été le vieil Archimède, il trace en silence les figures des propositions qui servent de fondement à cette science. Son père le surprend au milieu de ces combinaisons ; effrayé, attendri, il comprit que Blaise Pascal appartenait désormais à sa patrie, à son siècle.

La France pouvait alors s'énorgueillir des nobles efforts des philosophes qu'elle renfermait dans son sein. Les Mersenne, les Roberval, les Carcavi, les Lepailleur, par une heureuse communauté de travaux, accéléraient la marche des sciences et devançaient souvent dans la carrière les contemporains étrangers. Concentrant leurs efforts pour en doubler l'énergie, dans de secrètes conférences, ils préparaient d'éclatans succès. Le jeune Pascal, déjà adopté par cette élite de la philosophie, à douze ans, parut digne d'associer sa gloire à celle de tant d'hommes célèbres ; il les étonnait par l'étendue prodigieuse de son esprit, et par une pénétration qui, faisant disparaître devant lui tous les obstacles, semblait lui livrer le secret des sciences. Ces mémorables réunions furent le berceau de cette société, dont le plus grand des rois dicta les réglemens, qui compta dans son sein toute l'Europe savante, qui inscrivit parmi les noms de ses membres celui de Pierre-le-Grand (*a*). Ainsi, ce fut à l'ombre du naissant génie de Pascal que s'éleva l'une des plus glorieuses institutions d'un grand siècle et de la France.

Pascal avait à peine quinze ans, et déjà il avait publié un *traité des coniques*, qui n'était pas seulement l'exposé des connaissances acquises sur la matière, mais qui se distinguait encore par une méthode ingénieuse et nouvelle. Un essor plus élevé fixa bientôt après l'attention générale : qui eût osé croire qu'un instrument mécanique pût être introduit dans les profondeurs des abstractions ? Par l'invention de la machine arithmétique, Pascal soumit aux lois du mouvement des combinaisons dont le principe réside tout entier dans la pensée.

A dix-huit ans il n'avait plus de rivaux dans une science qui avait occupé les plus beaux génies du siècle. L'amour de la vérité lui avait inspiré cette préférence pour des recherches où l'esprit ne procède qu'à l'aide de démonstrations rigoureuses ; aussi souffrait-il impatiemment que l'on fît de l'étude de la nature une scène de chimères, sur laquelle venaient se produire et s'évanouir toutes les inventions de cerveaux exaltés. Les rêveries d'Aristote lui paraissaient peu dignes de la longue vénération à laquelle elles avaient asservi l'univers, et il refusait aux brillantes théories de Descartes l'admiration que leur prodiguait l'Europe. A ses yeux, tout système devait être subordonné aux faits et à la raison et ne tenir son lustre et ses succès que de la vérité elle-même. Il résolut d'éclairer les sciences naturelles du flambeau de l'observation, en rejetant toute théorie que cette épreuve n'aurait pas confirmée. C'est dans cet esprit qu'il se livra à l'examen des phénomènes de la physique, et bientôt ses recherches dépouillèrent de leur vaine autorité des décisions que l'erreur avait formées, en mettant l'imagination à la place de l'expérience.

Tandis que le flambeau des sciences portait la lumière dans toute l'Europe, et que l'arbre sacré de Bacon s'élevait majestueusement dans les domaines de la pensée, le génie des beaux-arts, sous le nom de Côme de Médicis, embellissait Florence de ces chefs-d'œuvre d'architecture, où l'élégance du goût moderne semble le disputer aux nobles conceptions de l'antiquité. Au milieu des jardins somptueux du prince, des fontaines magnifiques devaient épancher en nappes leurs eaux élevées jusqu'au ciel . . . . . L'activité de l'artiste se trouve subitement enchaînée par une force inconnue. L'eau, portée à une certaine hauteur, reste arrêtée comme par enchantement, et toutes les ressources de l'hydrolique ne parviennent point à vaincre l'inertie du fluide. Un préjugé d'Aristote attribuait à la nature une horreur inexplicable du *vide*, et l'obstacle qu'éprouvaient les arts sous la direction de Médicis semblait contrarier cette hypothèse, léguée à la philosophie par l'antiquité. Consulté sur la cause de cette résistance qui paraissait un phénomène plus étonnant que l'ascension mystérieuse des fluides, Galilée avait répondu qu'*apparemment l'horreur du vide avait des bornes dans la nature;* mais ce philosophe conçut aussitôt de violens scrupules sur la réponse qu'il avait hasardée par respect pour les anciens; il fit part de ses doutes à Torricelli son disciple, qui osa dire le premier que la pesanteur de l'air pouvait bien être la cause du phénomène mal expliqué. Torricelli mourut sans avoir convaincu les savans de la vérité de sa nouvelle théorie. Les partisans de l'ancienne physique s'obstinaient à soutenir l'opinion de *l'horreur du vide*, lorsque cette discussion attira l'attention de Pascal.

Ce grand homme, qui n'apportait dans la philosophie que sa passion pour la vérité, n'avait point voulu rejeter l'opinion des anciens avant que l'expérience l'eût ruinée et eût élevé sur ses débris une théorie confirmée par les faits. Une étude approfondie des phénomènes dont on recherchait la cause, fut le premier objet de ses soins. Après avoir soumis à des expériences multipliées l'obstacle qui avait arrêté les travaux de Médicis, il déclara que l'hypothèse, soutenue par l'antiquité, était sans fondement, puisque se trouvant en défaut dans le plus grand nombre de cas, elle ne pouvait plus rendre raison de rien.

Il appela les savans à décider entre la supposition de l'horreur du vide et l'opinion encore incertaine de la pesanteur de l'air. Il porta le tube de Torricelli sur les hauteurs des monumens de Paris, et observa dans ce cas l'abaissement du mercure, qui se replaçait à un degré plus élevé dans les lieux plus voisins du niveau de la mer. Quand il vit que la nature était prête à laisser échapper son secret, il se hâta de déchirer le voile dont elle le couvrait encore.

Les montagnes du Puy-de-Dôme furent le théâtre des expériences qui devaient décider la grande question. Pascal fit observer les variations du mercure dans le tube de Torricelli, depuis le pied de la montagne jusqu'à son sommet ; à mesure que l'instrument s'élevait le fluide s'abaissait, et une différence de trois pouces marqua les deux positions extrêmes dont le fluide avait parcouru l'intervalle. Les conséquences de ces travaux importans furent faciles à saisir ; il fallait se résoudre à soutenir que la nature avait plus horreur du vide au pied d'une montagne qu'à son sommet, ou reconnaître dans la pesanteur de l'air la cause inconnue de l'ascension des fluides.

Ainsi vous servîtes de laboratoire au génie (*b*), monts sourcilleux qui, depuis, avez retenti des premiers chants de Delille ! Les vallées que vous protégez sont chères à l'agriculture ; vos fronts sublimes seront sacrés pour la philosophie et pour les muses ! Les sciences, les arts et la nature se sont plu à vous environner de bienfaits et de beaux souvenirs !

L'activité de Pascal ne lui permettait pas de s'arrêter à quelques découvertes fugitives, il en pressait bientôt toutes les conséquences et ne laissait jamais une première idée s'évanouir sans fruit dans le travail d'une démonstration. La cause de l'ascension des fluides fut pour lui la source d'une multitude de vérités inconnues, dont il établit la preuve par des expériences consacrées de son nom. Il fut ainsi le créateur de l'hydrodinamique, science presqu'entièrement ignorée des anciens, et sur laquelle les philosophes modernes n'avaient qu'un petit nombre de notions qui reposaient sur une base fausse, science qui doit tout à Pascal, puisque les physiciens qui l'ont suivi n'ont fait que chercher les résultats des principes qu'il avait posés.

Ainsi la théorie d'une des plus utiles parties de la physique venait d'être établie sur une base immuable. Après ce travail, Pascal revint aux mathématiques, dont il étendit encore le domaine. Il exposa dans un nouveau traité plusieurs propriétés inconnues des *sections coniques*, créa des méthodes plus simples pour le calcul des *solides*, présenta sur *la perspective* des observations aussi justes que nouvelles, découvrit des aperçus singuliers dans les probabilités des chances des jeux de hasard; enfin chaque regard de ce grand homme, jeté dans la profondeur des sciences, y apporta la lumière et recula l'horizon des connaissances humaines. Parmi ces découvertes multipliées, celle du triangle arithmétique mérita surtout d'être distinguée des savans. On sait que la disposition d'une série de chiffres, placés dans les divisions symétriques de l'espace contenu entre deux lignes, révéla à Pascal d'étonnantes propriétés des nombres. Pour lui, ces observations furent le fruit de quelques jours de délassement, et cependant elles préludèrent à l'invention de ce fameux binôme, l'un des plus beaux titres de la gloire de Newton ! C'est ainsi que Pascal, marchant en conquérant au milieu des sciences, ouvrait de toutes parts des routes nouvelles et élevait des fanaux conducteurs au-devant de ceux qui devaient suivre ses traces.

La providence a déterminé dans les travaux de l'entendement une marche progressive ; la nature ne découvre ses secrets que successivement et avec économie ; le présent mûrit les réflexions du passé et lègue à l'avenir la consommation de ses œuvres. Le génie le plus élevé a de certaines limites qu'il ne saurait franchir ; on s'étonne en voyant un grand homme, après avoir parcouru la carrière la plus féconde, s'arrêter devant un problème, dont la solution n'était qu'une conséquence facile des vérités déjà démontrées, et dont un esprit vulgaire va triompher sans effort.

Il semble que Pascal, né pour surmonter tous les obstacles, devait dépasser les bornes assignées à l'humaine faiblesse; ce n'était, en effet, ni dans les difficultés de la science, ni dans les bornes de sa propre intelligence qu'il devait trouver un écueil; la pensée n'a pas d'abîmes si profonds qu'ils fussent impénétrables aux regards de cet aigle; mais en jetant dans le monde ce génie extraordinaire, la providence montra que l'homme est toujours faible de quelque côté. C'est aux dépens des forces corporelles de Pascal que son âme avait pris un essor presque surnaturel. Une langueur secrète, contre laquelle il luttait depuis long-temps, le convainquit tout-à-coup de la vanité de la gloire, des sciences et de la vie. Il n'avait qu'un pas à faire pour trouver le calcul différenciel et généraliser les propriétés du binôme; son génie l'entraînait à ces découvertes, lorsqu'il ne vit plus que comme un néant ce qui fait l'orgueil des hommes. Ces solutions qu'il méprisa comme de vains amusemens devaient être le glorieux partage de Leibnitz et de Newton.

Un accident affreux qui faillit lui coûter la vie le confirma de plus en plus dans ses résolutions, en lui montrant la folie de toute étude qui ne tend pas à nous révéler le secret de notre avenir immortel. Son âme, dégagée d'occupations étrangères, se replia sur elle-même, s'étudia, se connut; et, s'élevant jusqu'à sa céleste origine, approfondit les causes de ces clartés sublimes qui en font comme une image brillante de la divinité, et de ces ténèbres incompréhensibles, qui semblent le rendre le triste et fatal jouet des passions et du néant. Dès-lors les recherches et les soins frivoles devinrent insupportables à Pascal. Le désert l'appelait dans ses retraites, et la méditation qui avait toujours fait ses délices, rendait ce goût plus invincible. Il résolut de ne plus s'entretenir avec ce monde trompeur que pour l'instruire, le vaincre et l'édifier. Il n'avait jamais cessé de chérir et de respecter la religion de son enfance; il trouva de nouvelles douceurs à abreuver son cœur de ses consolations pures. Il voulut enfin éclairer son âme de la seule lumière véritable, de celle qui brille au-delà du tombeau. Une de ses sœurs consacrée à la vie contemplative, ange de paix et de bonheur pour l'âme ardente de Pascal, dirigea par de pieux conseils les résolutions de son frère.

Les chastes colombes de Port-Royal avaient

inspiré à des chrétiens dignes des premiers siècles de l'église le goût des vertus paisibles et le désir de consacrer à Dieu les fruits de leur génie.

Une retraite voisine du monastère rassemblait des hommes qu'illustraient de nombreux travaux dans les sciences et dans les lettres. Les Arnaud, les Lemaître, les Sacy, les Nicole, les Lancelot, les Hermant s'étaient dérobés à leur renommée, pour venir épurer leurs âmes dans la solitude. Une grande conformité de goûts, une égale ardeur pour la vertu environnaient de délices l'amitié qui unissait ces hommes célèbres. Austères comme les saints, peut-être ne leur manquait-il que cette douce tolérance qui compâtit aux faiblesses de l'humanité. J'appellerais volontiers Port-Royal le portique du christianisme, tant ces pieux solitaires ont à mes yeux de rapports avec les philosophes stoïciens !

C'est au milieu de ces nouveaux cénobites que Pascal vint chercher ses maîtres et ses modèles. Il ne tarda pas à devenir leur protecteur et leur plus ferme soutien dans l'orage qui s'éleva contre eux et contre le saint monastère.

Nous ne retracerons pas ici les déplorables querelles auxquelles donna lieu le fastidieux ouvrage de Jansénius (c); querelles qui divisèrent long-temps des hommes faits pour s'estimer, et qui ne mériteraient que l'oubli, si elles n'avaient produit le livre qui ouvrit avec tant d'éclat la plus belle époque de la littérature; je veux parler des *Provinciales.* Lorsque, pour défendre les compagnons de sa retraite, Pascal conçut le dessein d'écrire ces lettres, la langue française était bien loin encore de cette pureté, de cette noblesse, de cette flexibilité qui distinguèrent les ouvrages de Racine et de Massillon. Les élémens de notre idiôme, si j'ose ainsi parler, étaient encore épars, le caractère qui lui est propre ne lui avait pas été imprimé, son génie n'était pas fixé. Pascal voulut écrire, non plus pour démontrer des propositions géométriques, ou pour expliquer les phénomènes de la pesanteur de l'air; mais pour plaire, mais pour convaincre, en employant tour-à-tour contre ses adversaires la puissance du raisonnement, les traits du sarcasme et le charme d'un badinage aimable et léger. Il voulait concilier à ses amis l'opinion des penseurs et la faveur des gens du monde; il avait besoin pour réussir de toutes les ressources de la langue; il créa toutes ces ressources, et son essai dans les lettres fut un chef-d'œuvre pour lequel il n'avait point eu de modèle, et qui devait rester lui-même un modèle inimitable (*d*).

Et quel sujet si fertile soutint dans ce travail l'imagination de Pascal ? Qui aurait pu croire que ces misérables disputes sur *le pouvoir prochain*, sur *le fait* et sur *le droit* seraient la matière de ces lettres immortelles où les agrémens du style disputent le prix à la finesse et au bon goût de la plaisanterie; où le ton dramatique qui est soutenu dans la première partie avec tant de légèreté et des formes à la fois si naïves et si piquantes, n'est pas plus digne d'attention que les tours véhémens et originaux, la touche noble et vigoureuse qui distinguent les dernieres lettres; où les questions les plus difficiles et les plus obscures sont une source de beautés de tous genres; où se trouvent enfin réunis l'emploi des formes les plus agréables et les plus neuves de l'élocution, et toute l'énergie d'une éloquence hardie et persuasive ?

Ainsi Pascal fut vraiment créateur, dans cet ouvrage où il forma la langue française et la transmit épurée et embellie à nos plus habiles écrivains.

Les suffrages de toute l'Europe accueillirent ce brillant phénomène lancé du sein de la retraite au milieu de la littérature; aussi modeste que sublime, Pascal seul chercha à se dérober aux éloges unanimes dont il était l'objet; il déguisa son nom pour goûter l'unique plaisir qu'il avait ambitionné; celui d'avoir vengé ses amis et défendu la cause de la vertu (c).

Mais pourquoi faut-il qu'à de si nobles souvenirs, se mêlent encore ceux de nos agitations politiques et de tant d'illustres infortunes ? Déplorable esprit de dispute ! fatales divisions ! faut-il donc que dans tous les temps vous répandiez vos poisons à la source même de notre gloire et de nos prospérités ? Deux sociétés qui ne devaient être rivales que de zèle pour les intérêts de la foi, prétendirent l'emporter l'une sur l'autre en crédit et en autorité; à l'occasion d'un misérable ouvrage, elles ne craignirent pas d'exposer à la chaleur des discussions les plus touchans mystères de la prédestination et de la grâce; elles sollicitèrent les suprêmes arrêts de l'église, et ces arrêts furent méprisés. L'une se servit imprudemment de son crédit politique pour opprimer ceux qu'elle devait chercher à convaincre; l'autre employa l'influence plus puissante du génie et de l'opinion, et parvint à faire, des erreurs de quelques membres, l'opprobre du corps entier auquel ils appartenaient. Quel fut le fruit de ces tristes victoires que les deux partis remportèrent tour-à-tour ? La fière indépendance du Port-Royal alluma le courroux du pouvoir (*f*), et notre œil a peine à découvrir quelques débris de cette retraite qui renferma tant de talens et de vertus (*g*). Mais cette disgrâce ne sauva pas leurs adversaires ; la foudre qu'avait lancée Pascal, sortit plus étincelante des ruines de Port-Royal ; elle arma tous les hommes d'état qui, en Europe, conjuraient l'abaissement de la puissance religieuse. Parmi nous, ces sénats orgueilleux qui affectaient la prétention de balancer l'autorité des pontifes et des rois, surent habilement diriger la tempête (*h*), et les Jésuites ne purent trouver grâce devant cette justice politique qu'ils avaient soulevée contre leurs rivaux.

Tel fut le sort de ces deux sociétés célèbres, dont l'une du fond de la solitude répandit de précieuses lumières, et rendit d'importans services aux sciences, aux lettres et à l'art de l'enseignement (*i*) ; dont l'autre embrassant dans sa vaste ambition le monde moral et le monde physique, parut les soumettre tous deux à son autorité (*k*) ; avec des apôtres et des martyrs accomplit ce qu'auraient vainement tenté des philosophes et des conquérans, porta le flambeau de la foi dans des regions inconnues, adoucit les mœurs des peuples barbares, réalisa au milieu des hordes sauvages le dessein d'une république plus belle que l'avait rêvée Platon, fondée sur l'amour de la vertu et heureuse de la pratique de tous les devoirs (*l*); et enlaçant l'univers de ses fertiles rameaux, fit briller dans les contrées les plus reculées les sciences et les arts de l'Europe et enrichit nos sciences et nos arts des productions de toute la terre.

Dans les attaques dirigés contre l'ordre social, quels secours n'eût-on pas trouvés dans ces deux corps si puissans par le savoir et par l'influence morale! Ils eussent été, n'en doutons point, contre les efforts des novateurs, les plus fermes boulevards de la civilisation (*m*). Leurs vaines querelles, leurs injustes rivalités, en soulevant contre eux l'autorité, ont privé l'autorité elle-même de ses plus solides appuis.

Toutefois, il faut en convenir, ces grandes agitations où la raison semble flottante au milieu des opinions des hommes et qui égarent presque toujours les âmes communes en proie à de puériles passions, éprouvent utilement les esprits supérieurs et leur découvrent souvent de nouvelles routes pour arriver à la vérité. Ainsi, le pilote habile, au moment où tout se brise et s'engouffre au tour de lui, s'avance au travers des écueils et s'ouvre un port inconnu aux navigateurs timides; de même, dans le temps où la querelle du jansénisme effrayait les consciences, alarmait les docteurs et éveillait les défiances du pouvoir, Pascal se formait à cette lutte, se nourrissait de la moelle des lions et contemplait la vérité dans ces disputes où l'œil du vulgaire était obscurci de ténèbres. Sa foi, née du sentiment, fut fortifiée par l'étude des livres saints. Convaincu que la seule connaissance vraiment utile aux hommes est celle de leur destinée, il résolut de faire pour la religion ce qu'il avait fait pour les sciences humaines, et conçut le plan d'un ouvrage où, réunissant toutes les preuves historiques et morales du christianisme, il devait l'établir sur des démonstrations aussi incontestables que celles des propositions géométriques.

C'est au milieu des souffrances, fruit précoce de tant d'illustres veilles, que Pascal réfléchit à ce grand dessein. Mais la douleur qui ne pouvait vaincre sa constance religieuse, ne lui permit plus bientôt de s'occuper avec suite d'un travail auquel il avait résolu de consacrer toutes les forces de son âme. Il se vit même obligé de rechercher quelquefois dans les études qu'il avait délaissées, des distractions contre le mal qui consumait sa vie. Dans une de ces nuits où il en ressentait les atteintes les plus vives, il voulut en émousser l'aiguillon par une forte application d'esprit. Il reporta ses regards vers la science qu'il avait tant chérie, et s'occupa des problèmes de la Cycloïde. Torricelli, Descartes et surtout Fermat et Roberval avaient épuisé pour la mesure de plusieurs solides produits par cette courbe, tout ce que la géométrie du temps pouvait leur fournir de ressources. Pascal souffrant saisit encore une fois le flambeau de la philosophie, pour répandre sur cette matière des lumières nouvelles. Au milieu de ses douloureuses insomnies, tous les problèmes que présentent la génération de la roulette, la mesure de ses solides, son centre de gravité, etc., furent résolus par une méthode générale qui frappa d'admiration les contemporains, et passe encore pour une des découvertes qui honorent le plus l'esprit humain. Les hommes religieux s'en servirent même alors pour confondre l'orgueil des incrédules. Celui qui surpassait en sagacité et en profondeur tous les mathématiciens de son siècle, édifiait en même tems le monde par sa ferveur et par la simplicité de sa foi.

Au milieu des plus mortelles angoisses, il jetait de temps en temps sur le papier quelqu'une

de *ces pensées qui tiennent autant de Dieu que de l'homme* (1), et dans lesquelles on rencontre tantôt une preuve lumineuse de la religion, tantôt une juste appréciation des sciences; des considérations sur notre profonde misère, à côté des titres de notre grandeur. Que de vérités brillèrent d'un état inconnu, aux yeux du mortel qui, le premier, découvrit ces fragmens confusément épars? Quel héritage pour la philosophie et pour la foi que ce livre qui confond et élève l'homme avec tant d'autorité! Quels sont tes titres, philosophe superbe qui refuses de reconnaître ta bassesse, quand Pascal s'est humilié?.... Tu ne te contentes pas de la grandeur que Pascal réclame pour lui-même !..... Écoute et prends une juste idée de tes forces : « L'homme n'est
» qu'un roseau le plus faible de la nature; mais
» c'est un roseau pensant. Il ne faut pas que
» l'univers entier s'arme pour l'écraser, une
» vapeur, une goutte d'eau suffit pour le tuer.
» Mais quand l'univers l'écraserait, l'homme
» serait encore plus grand que ce qui le tue,
» parce qu'il sait qu'il meurt ; et l'avantage que
» l'univers a sur lui, l'univers n'en sait rien.
» Ainsi, notre dignité consiste dans la pensée;

---

(1) Expression de M. de Châteaubriand.

» c'est de là qu'il faut nous relever, non de l'es-
» pace et de la durée. Travaillons donc à bien
» penser : voilà le principe de la morale. »

Et c'est ce travail qui était devenu l'occupation habituelle de Pascal. Toutes les sciences dont il avait atteint les hauteurs, isolées de l'homme même, étaient à ses yeux d'inutiles amusemens. Aussi voulut-il les appliquer à cette étude unique, afin de connaître par elles, les forces et cette intelligence qui soumet la nature à ses lois, et qui, plus puissante que le lévier souhaité d'Archimède, soulève en quelque sorte l'univers. Réfléchissant sur la haute portée de l'esprit humain et sur l'insuffisance qui, sans cesse, l'arrête dans sa marche ; comparant le désir de perfection qui le travaille avec les penchans désordonnés qui le détournent et l'égarent, Pascal osa pénétrer dans cet obscur labyrinthe, pour y chercher la nature de l'homme. Quelle est l'origine, quelle est la destinée de cet être, mélange surprenant de grandeur et de misère, ardent à la recherche de la vérité et amoureux des mensonges ; s'élevant aux plus sublimes contemplations, et précipité aussitôt dans l'abîme des passions ; élancé vers un avenir immortel avec tout le feu d'une intelligence céleste, et tombant sans force et sans courage entraîné par les plus misérables penchans ? C'est, au milieu de ces étonnans contrastes, que Pascal voit briller la religion chrétienne ; et à ses clartés divines, il déroule la mystérieuse histoire du genre humain. Ces élans sublimes de la pensée, ces ressources incommensurables de l'esprit, cette soif de l'immortalité lui découvrent la vocation primitive de l'homme ; mais combien les misères de l'esprit et du corps, la tyrannie des sens, la fragilité des organes, sont un témoignage irrécusable de sa chûte !

Sous ce point de vue, Pascal discute avec une sagacité et une profondeur dont aucun écrivain n'avait offert d'exemple, les deux systèmes auxquels viennent aboutir toutes les opinions des philosophes, sur la nature de l'homme. C'est en rapprochant les maximes des Stoïciens, telles qu'Epictète les a méthodiquement exposées, des doutes du Pyrrhonisme soutenus de la facile morale d'Epicure, et si éloquemment développés par Montaigne, que Pascal fait remarquer les inclinations opposées qui se disputent le cœur de l'homme et la double erreur vers laquelle elles l'entraînent. Dieu a créé l'homme pour être heureux et juste, il n'a pu lui refuser les forces nécessaires pour atteindre ce but ; donc, l'homme peut arriver par ses propres forces à cette haute perfection : telle est la loi fondamentale du portique. Epicure a-t-il moins de logique dans ses leçons? L'homme ne peut s'élever jusqu'à Dieu ; la perfection morale serait inestimable ; mais les penchans du cœur s'opposent aux efforts de l'âme ; l'homme est porté à chercher son bonheur dans les plaisirs des sens...... Quelle incertitude ! mœurs, vertus, sciences, tout est dans le domaine du doute.

Ces systèmes n'ont aucun point par où ils puissent se rapprocher et se fondre ; la révélation seule les concilie en les expliquant : oui, l'homme fut créé pour le bonheur, pour la perfection, pour l'immortalité ; mais l'homme est tombé par son crime dans le malheur, dans l'infirmité et sous l'inévitable loi de la mort. Ses sens dépravés le tiennent attaché à la terre et font peser sur lui le honteux esclavage des passions ; mais le Dieu qui le créa pour être parfait, lui a laissé les preuves certaines de sa grandeur première, et assez de vertu pour sentir le prix d'une réparation.

C'est par cet ordre supérieur de pensées que Pascal établit la nécessité de la révélation. Admirable effort d'une philosophie qui combat sans mysticité et sans voile en faveur du christianisme, et jette sur les obscurs problèmes de la sagesse humaine, les douces lumières de la foi !

Après avoir enchaîné l'homme à ses devoirs, en fondant la morale sur une base divine, Pascal ne craint pas de scruter les principes des lois humaines et les maximes que nous appelons fondamentales, parce que nous en avons fait les raisons du pouvoir, l'appui de nos institutions et le pivot des distinctions sociales.

« Si l'homme connaissait vraiment la justice,
» elle aurait assujéti tous les peuples, et les lé-
» gislateurs n'auraient pas pris pour règle les
» fantaisies des Perses et des Allemands; on la
» verrait assise au milieu des nations, gouvernant
» tous les états du monde.... Trois degrés d'éléva-
» tion du pôle renversent toute la jurisprudence;
» un méridien décide de la justice, ou peu d'an-
» nées de possession; les lois fondamentales
» changent; le droit a ses époques. Plaisante jus-
» tice qu'une rivière ou une montagne borne !
» Vérité en-deçà des Alpes, erreur au-delà ! »

Quel est le novateur qui s'exprime avec cette liberté sur les lois qui régissent le peuples? C'est ce même solitaire de Port-Royal qui, pénétrant jusqu'aux sources de la puissance, a dit : » Ce
» chien est à moi, disaient ces pauvres enfans;
» c'est là, ma place au soleil. Voilà le commence-

» ment et l'image de l'usurpation de toute la
» terre. » Cherchez dans Montesquieu et dans
Rousseau une idée plus hardie, revêtue d'une
aussi vive expression!

Les sophistes de nos jours se font une vaine
gloire de la nouveauté de leurs théories politiques. A les en croire, la balance des pouvoirs,
la représentation des intérêts sociaux, l'art de
gouverner sous l'influence de l'opinion, seraient
le fruit de leurs hautes conceptions et de leurs
savantes veilles, et constitueraient *cet esprit du
siècle* dont ils se sont déclarés les tuteurs. Méprisable et dangereux délire de l'orgueil! Pascal
avait approfondi, il y a plus d'un siècle, toutes
ces maximes si nouvelles, et les avait jugées.
Avant eux, il avait dit que la *puissance est dans
la majorité* et que la sagesse des rois devait
consister à la connaître; c'est de lui qu'ils ont
emprunté cette expression tant répétée : *L'opinion est la reine du monde et la force en est le
tyran*; mieux qu'ils ne l'ont jamais fait, il s'est
armé d'une sanglante ironie, pour combattre l'injustice et l'arbitraire qui président le plus souvent aux guerres que se font les peuples au nom
des souverains; dans ses admirables *conseils à un
grand*, n'avait-il pas mis au jour ce qu'il y a de
faux et de vrai dans les distinctions honorifiques?

Personne, nous osons le dire, n'a porté plus loin que Pascal ces hardies investigations.

Mais aussi, éclairé par une raison supérieure, sur les conditions de l'ordre social, il affermissait avec prudence les maximes qui doivent garantir les états, de l'inquiète curiosité des sophistes. « Ne pouvant faire, dit-il, que l'homme
» obéît toujours à la justice, on l'a fait obéir à
» la force : ne pouvant fortifier la justice, on a
» justifié la force, afin que la justice et la force
» fussent ensemble, *et que la paix fût*; ce qui
» est le souverain bien. »

La sagesse même n'a-t-elle pas rendu ses oracles par cette admirable leçon dont nos modernes publicistes auraient dû mieux profiter? « Il
» est dangereux de dire au peuple que ses lois
» ne sont pas justes; puisqu'il n'obéit que parce
» qu'il les croit justes. Il faut lui dire qu'il doit
» obéir parce qu'elles sont lois, comme il doit
» obéir à ses supérieurs, non parce qu'ils sont
» justes, mais parce qu'ils sont supérieurs. »

La vie et les écrits de Pascal témoignent assez qu'il n'avait pas une âme et des opinions serviles; cependant il professa toujours hautement ce même respect pour les lois, qu'il regardait comme le premier devoir de l'homme. Déplorant dans les troubles de la fronde, cet esprit d'indépendance et d'insurrection, faible image de nos sanglantes erreurs, il blâma avec une extrême énergie la conduite des chefs de ce parti (*n*). « C'est un crime, disait-il, de porter atteinte à l'autorité royale dans une monarchie ; comme il serait coupable d'attenter au gouvernement républicain, dans les pays où il a plu à Dieu de l'établir. »

Ainsi, tout ce qui, dans les différens siècles, a exercé l'esprit de l'homme et appelé ses recherches, a été vu et jugé par Pascal. Dans toutes les parties de l'entendement, *le Livre des Pensées* nous présente des idées neuves, grandes et profondément réfléchies. Le moraliste, le législateur, le théologien ont à y puiser avec abondance ces principes générateurs qui fécondent la méditation et sont dans l'âme, comme des foyers de lumière. Pourquoi la critique ne va-t-elle pas chercher plus souvent ses règles dans les savantes *Réflexions sur l'autorité de la Philosophie ?* Pourquoi l'école n'a-t-elle pas mieux profité de la belle méthode analytique que Pascal avait substituée aux vaines formules dont les docteurs embarrassent encore l'art du raisonnement? Ah! sans doute la philosophie doit beaucoup à Pascal ; mais que ne gagnerait-elle pas encore, si, abandonnant nos folles contentions avec les sophistes modernes, nous remontions à ces sources pures et fécondes dont nous affectons trop de nous écarter !

Cependant ce dépôt sacré des méditations d'un grand homme, où se trouvent accumulées dans si peu d'espace toutes les forces de l'intelligence, ne présente que les matériaux épars de l'édifice dont il cherchait à jeter les fondemens, *jacent opera interrupta...* Echappée du sein de la douleur, l'expression de plusieurs de ces pensées en a souvent reçu la mélancolique empreinte. Ce sont alors des soupirs tendres et profonds que cet angélique mortel exhale en se penchant vers la tombe. Au-dessus de craintes vulgaires, il s'était accoutumé à envisager le tombeau sans effroi et ne redoutait l'heure suprême, que lorsqu'il songeait aux illusions dans lesquelles l'amour des sciences l'avait trop long-tems retenu. Pourquoi s'étonner du peu de cas que Pascal faisait alors des occupations auxquelles les hommes attachent une si haute importance ? Les sciences, qui font la plus noble portion de notre gloire, se rapportent néanmoins à des soins terrestres qui n'élèvent pas l'homme au-dessus du monde matériel où sa condition semble l'avoir placé ? Un esprit supérieur doit-il se résoudre à chercher sa fin dans des choses fugitives, qui nous quittent au milieu des soins que nous leur donnons? Une gloire périssable était sans doute loin de suffire à cette âme sublime qui avait si bien compris sa force et sa dignité. Plein d'une ambition divine, Pascal sentait que son cœur ne pouvait être satisfait que par celui en qui se réunissent toutes les connaissances et se confondent toutes les pensées : dans célestes contemplations, il semblait qu'il s'élevât jusque dans le sein de Dieu même; il se sentait pénétré de conviction, énivré d'une heureuse persuasion, embrâsé d'un amour pur, dont la langue humaine ne saurait rendre les transports. C'est une de ces extases qui avait rempli et consolé son âme, que Pascal a exprimée en traits de feu, sur une feuille trouvée à sa mort auprès de son cœur (o). Une froide analyse ne saurait juger cette page où Pascal a fixé les mouvemens extraordinaires qui l'avaient agité. Qu'un sophiste sourie de pitié à la vue de cet écrit, où il n'appercevra que des mots vides de sens et des idées incohérentes; qu'importe la haine ou le mépris d'un sophiste? il s'agit ici de Pascal !!... Oh! que l'âme du chrétien qui s'est livré aux douceurs religieuses de la contemplation, comprendra mieux ces obscurités, que le philosophe le plus subtil et le plus orgueilleux!

C'en était fait; Pascal, à trente-neuf ans, touchait au terme de sa course. Ainsi que Raphaël, il laissait échapper de sa main défaillante le pinceau consacré à la gloire du Christ. Livré sans réserve au Dieu qui avait été la fin de sa philosophie, il donna dans ses derniers momens les plus touchans exemples de charité chrétienne.

Qui pourrait exprimer le zèle qui l'animait pour les infortunés? Elle était sans doute digne des regards de la divinité, la vie de celui qui prodiguait aux pauvres sa propre substance, et qui, plein d'amour pour ses frères, consentit dans les jours même de ses douleurs, à quitter sa demeure, plutôt que de priver d'un asile le pauvre auquel il accordait l'hospitalité (*p*). Qui peut entendre sans émotion les paroles qu'il adressait à une sœur chérie? « Oh! que ne puis-je mourir
» au milieu des pauvres, après avoir partagé
» leurs souffrances, supporté leurs peines et
» m'être fait comme eux l'image du Dieu qui
» fut pauvre et souffrant pour le salut de tous! »
D'autres fois il s'écriait : « Que l'on cherche un
» infortuné, qu'on lui choisisse un lieu de re-
» pos, que mon bien serve à le soulager, qu'il
» éprouve, dans le même tems, les mêmes soins
» que je reçois. » Si ses amis cherchaient à contenir l'élan de sa charité, en lui rappelant la modicité de sa fortune : « J'ai remarqué, répon-
» dait-il, que quelque pauvre que l'on fût, on
» laissait toujours quelque chose. »

Egalement armé contre la vanité et contre l'erreur, il se reprochait ce sentiment intime de sa supériorité, qu'un juste jugement de ses forces lui révélait malgré lui-même... Bien plus, sa vertu s'était mise en garde contre le penchant qui nous porte à chercher des consolations dans la tendresse et l'estime de nos proches. Craignant de dérober à Dieu ce pur hommage du cœur dont un mortel n'est pas digne, quoique tendrement attaché à une sœur qui lui prodiguait les soins les plus touchans, il refusait de se livrer à cette douce sympathie qui s'établit entre le cœur affectueux et le cœur reconnaissant; il cachait même, sous une apparence de froideur, la vive amitié qu'il lui portait. On ne peut lire sans un religieux effroi, le peu de mots qu'il traça pour elle d'une main défaillante : « Il
» est injuste qu'on s'attache à moi, car je ne suis
» la fin de personne; ne suis-je pas prêt à
» mourir?.... Ainsi, l'objet de votre attache-
» ment mourra!.... Je serais coupable de vous
» laisser dans cette illusion, quoiqu'elle vous
» fît plaisir et qu'elle me fût agréable à moi-
» même..... Consacrez votre vie à plaire à Dieu
» et à le chercher. »

C'est à ce degré de vertu qui eût effrayé le plus intrépide zélateur d'Epictète et de Zénon, que l'âme de Pascal était parvenue, lorsqu'elle s'échappa d'un corps dont elle avait usé les ressorts, pour aller se réunir à l'objet de son ambition et de sa gloire.

Tel fut ce philosophe qui, à trente-neuf ans, avait parcouru une carrière dont l'œil le plus hardi ne peut sans effroi mesurer l'étendue. Étonnant dès le berceau, il tint le flambeau du génie en descendant dans la tombe. Dans le court espace de ses années, il avait embrassé tout ce que l'intelligence humaine saurait comprendre; en sorte que l'on peut dire que dans l'antiquité et dans les temps modernes, nul homme ne fut doué d'un esprit supérieur au sien. Privilégié entre les mortels, il ne fut arrêté dans ses recherches par aucun obstacle; il découvrit tant qu'il voulut observer, et son œil s'éteignit avant que la nature lui eût offert des obscurités.

Également fait pour juger et pour découvrir, il sut à-la-fois surmonter les difficultés et pousser jusqu'à leurs derniers résultats les vérités connues; observateur subtil, critique sévère, amant passionné du vrai, il réunit à la puissance de l'invention, la sagesse qui garantit des pièges de l'imagination.

Savant, orateur, moraliste, la philosophie le revendique comme l'un de ses héros; la littérature le renomme, comme le créateur de la langue que parlèrent Bossuet et Racine; la religion qui l'inspira l'avoue pour l'un de ses plus puissans défenseurs, et oppose l'autorité de sa vie, aux superbes dédains de l'incrédulité. (*q*).

Unissant à l'éclat des talens, la candeur et la force de l'âme, il fut peut être encore plus grand par ses vertus que par son génie. Il mérita dans sa plus noble acception le titre glorieux de philosophe, bien différent de ces tartuffes de sagesse, qui prêchent comme Sénèque la pauvreté au milieu de l'abondance, et la morale au sein des voluptés; qui, étalent dans leurs écrits leur zèle pour les bonnes mœurs, leur tolérance et leur humanité, et sont impudemment les corrupteurs de l'innocence, les contempteurs des lois de leur pays, les fanatiques de leurs systêmes et les égoïstes les plus insensibles aux maux de leurs semblables. Pascal parlait souvent des misères de l'homme comme d'une sauve-garde contre l'orgueil; mais il supporta patiemment ses souffrances. Il traitait avec mépris les biens périssables; mais il ne rechercha ni les éloges ni les honneurs auxquels son génie lui donnait droit de prétendre. Il vanta la charité comme la première des vertus; mais il se dépouilla en faveur des pauvres. Ennemi des plaisirs, il fut sans cesse armé contre leurs séductions.

Tout éloge est assurément au dessous de ce grand homme; j'ose cependant consacrer à sa mémoire cette faible exquisse d'une si belle vie, et de tant d'immortels travaux, dans le seul espoir que mon enthousiasme et ma profonde admiration, auront su ajouter quelques traits, aux hommages qui lui ont été rendus.

NOTES.

(a) *Qui inscrivit parmi les noms de ses membres, celui de Pierre-le-Grand.*

» Le czar vint en France en 1717. Il n'avait plus rien
» d'essentiel à apprendre et à transporter chez lui; mais
» il lui restait à voir la France, pays où les connais-
» sances ont été portées aussi loin, et les agrémens de
» la société plus loin que partout ailleurs; seulement
» est-il à craindre que l'on n'y prenne un bizarre mé-
» pris du *bon*, devenu trop familier.

» Le czar fut fort touché de la personne du roi encore
» enfant. On le vit qui traversait avec lui les apparte-
» mens du Louvre, le conduisant par la main, et le
» prenant presque entre ses bras, pour le garantir de
» la foule, aussi occupé de ce soin et d'une manière
» aussi tendre que son propre gouverneur.

» Le 19 juin 1717, il fit l'honneur à l'Académie des
» Sciences d'y venir. Elle se para de ce qu'elle avait de
» plus curieux et de plus nouveau, en fait d'expériences
» et de machines. Dès qu'il fut retourné dans ses états,
» il fit écrire à M. l'abbé Bignon, par M. Areskins,
» écossais, son premier médecin, qu'il voulait bien
» être membre de cette compagnie; et quand elle lui

» en eût rendu grâces avec tout le respect et toute la
» reconnaissance qu'elle devait, il lui en écrivit lui-
» même une lettre, qu'on n'ose appeler une lettre de
» remercîment, quoiqu'elle vînt d'un souverain qui s'é-
» tait accoutumé depuis long-temps à être homme. Tout
» cela est imprimé dans l'Histoire de 1720; et tout
» glorieux qu'il est à l'Académie, nous ne la repèterons
» pas. On était ici fort régulier à lui envoyer chaque
» année le volume qui lui était dû, en qualité d'aca-
» démicien, et il le recevait avec plaisir, de la part de
» ses confrères. Les sciences, en faveur desquelles il
» s'abaissait au rang de simple particulier, doivent l'é-
» lever en récompense au rang des Auguste et des Char-
» lemagne, qui leur ont accordé aussi leur familiarité. »
Fontenelle, Éloge de Pierre 1, tome 3, page 368 de l'édition de 1729.

(*b*) *Ainsi vous servîtes de laboratoire au génie, monts sourcilleux.*

« Qui de sa gravité (de l'air) nous enseigna la loi?
» C'est toi, Torricelli; divin Pascal, c'est toi.
» Salut, champs paternels, salut, fière montagne
» D'où se déploie au loin cette riche Limagne,
» Où d'un sang que chérit mon pays et le sien
» Une goutte sacrée a passé dans le mien !
» Pour la première fois, quand je gravis ta cîme,
» Plein de son souvenir, plein de son nom sublime,
» Je ne voyais que lui; en vain, sous de beaux cieux
» S'étendaient à tes pieds des champs délicieux.

» Je me disais : ici PASCAL, dans son audace,
» Des colonnes de l'air osa peser la masse ;
» Mais, hélas! de cet air ignoré si long-temps,
» L'illustre infortuné jouira peu d'instans;
» La mort l'enlève au monde au printemps de son âge.
» Cependant l'éternel veut qu'en son noble ouvrage,
» Il adore sa main; ô regrets superflus!
» Il vient, jette un coup-d'œil, voit, admire, et n'est plus.
» Mais toi, mont renommé, mont rempli de sa gloire,
» Atteste ses travaux et garde sa mémoire.
» A Misène, autrefois, toute une armée en deuil
» Offrit, en gémissant, l'hommage d'un cercueil :
» Sur ce beau promontoire où son nom vit encore,
» On plaça son épée et son clairon sonore.
» Toi! la gloire et l'amour de mon pays natal,
» O mont majestueux! sois le mont de PASCAL;
» Qu'on y grave son nom et ce tube fidèle
» Par qui le poids de l'air au monde se révèle,
» Et que chaque printemps mêlés à tes pasteurs,
» Les enfans d'Uranie y répandent des fleurs! »

DELILLE, *Les Trois Règnes*, chant *II*.

(c) *Les déplorables querelles auxquelles donna lieu le fastidieux ouvrage de Jansénius, etc.*

« Convenons que tous ces écrits polémiques, ces ima-
» ginaires, ces visionnaires, ces chamillardes, s'accor-
» daient mal avec la modestie et l'humilité dont les
» pères de Port-Royal faisaient profession. On n'aime

» point à voir ces pieux solitaires, qui semblaient avoir
» renoncé au monde, s'engager dans des querelles, et
» faire des pamphlets même pour la religion. La va-
» nité, dans ces sortes d'ouvrages, est presque toujours
» à côté du zèle, la vérité n'y gagne presque rien, et
» la charité y perd beaucoup. » *Comm. sur Racine*, par
Geoffroy, tome 6, page 15, à la note.

(*d*) *Et qui devait rester lui-même un modèle inimitable.*

« Tout le livre (*Les Provinciales*) portait sur un
» fondement faux. On y attribuait adroitement à
» toute la société (des jésuites), les opinions extra-
» vagantes de plusieurs jésuites espagnols et flamands.
» On les aurait déterrés aussi bien chez les casuistes
» dominicains et franciscains; mais c'était aux seuls
» jésuites qu'on en voulait. On tâchait dans ces lettres
» de prouver qu'ils avaient un dessein formé de cor-
» rompre les mœurs des hommes; dessein qu'aucune
» secte, qu'aucune société n'a jamais eu et ne peut
» avoir. Mais il ne s'agissait pas d'avoir raison; il s'a-
» gissait de divertir le public. » *Voltaire ; Siècle de
Louis XIV*, chap. 37.

(*e*) *Il déguisa son nom pour goûter l'unique plaisir
qu'il avait ambitionné ; etc.*

« C'est un trait remarquable et l'un des plus carac-

» téristiques de Port-Royal...... la méthode pseudo-
» nyme. Ils publiaient presque tous leurs livres sous
» des noms supposés; et tous, il faut bien l'observer,
» plus sonores que ceux qu'ils tenaient *de mesdames*
» *leurs mères*; ce qui fait un honneur infini au discer-
» nement de ces *humbles* solitaires. De cette fabrique
» sortirent Messieurs d'Ettonville, de Montalte, de
» Beuil, de Royaumont, de Rebek, de Fresne, etc. »
Eglise gallicane, par M. de Maistre, pag. 39.

(*f*) *La fière indépendance de Port-Royal alluma le courroux du pouvoir.*

« Si les grandes lumières de Port-Royal, les Pas-
» cal, les Arnaud, les Nicole (il faut toujours en re-
» venir à ce triumvirat), avaient pu voir dans un ave-
» nir très prochain *le gazetier ecclésiastique*, les gam-
» bades de St. Médard, et les horribles scènes des
» secouristes, ils seraient morts de honte et de repen-
» tir; car c'était au fond de très honnêtes gens (quoi-
» qu'égarés par l'esprit de parti), et certainement fort
» éloignés, ainsi que tous les novateurs de l'univers,
» de prévoir les conséquences du premier pas fait
» contre l'autorité. » *Eglise Gall.*, pag. 41.

« Comment une telle secte (le jansénisme) a-t-elle
» pu se créer tant de partisans, et même des partisans
» fanatiques ? Comment a-t-elle pu faire tant de bruit
» dans le monde ? fatiguer l'état autant que l'église ?
» Plusieurs causes réunies ont produit ce phénomène.
» La principale........ *La voici*. Le cœur humain est

» naturellement révolté. Levez l'étendard contre l'au-
» torité, vous ne manquerez jamais de recrues. *Ibid.*
pag. 32.

» Cette faction dangereuse (le jansénisme), n'a rien
» oublié depuis 30 ans pour diminuer l'autorité de
» toutes les puissances ecclésiastiques et séculières, qui
» ne lui étaient pas favorables. » *Réquisitoire de l'avocat général* Talon, V. opusc. de Fleury pag. 18.

» C'est une observation bien importante que le fameux
» usurpateur qui a fait tant de mal au monde (Buona-
» parte), guidé par ce seul instinct qui meut les hom-
» mes extraordinaires, ne pouvait pas souffrir le Jan-
» sénisme, et que, parmi les termes insultans qu'il
» distribuait autour de lui assez libéralement, le titre
» de Janséniste tenait à son sens la première place (1);
» ni le Roi, ni l'usurpateur ne se trompaient sur
» ce point; tous les deux (Louis XIV et Buonaparte),
» quoique si différens, étaient conduits par le même
» esprit; ils sentaient leur ennemi, et le dénonçaient
» par une antipathie spontanée, à toutes les autorités de
» l'univers. » *Eglise Gall.* Page 106.

―――

(1) C'est un idéologue, un constituant, un janséniste.
Cette dernière épithète est le maximum des injures. (M. de
Pradt, Hist. de l'ambass. de Varsovie. Paris, 1815.
in-8°, pag. 4.

(g) *Et l'œil, à peine à découvrir quelques débris de cette retraite qui renferma tant de talens et de vertus.*

« On a poussé les hauts cris au sujet de cette charrue
» passée sur le sol de Port-Royal.... Louis XIV en fai-
» sant croître du blé sur un terrain qui ne produisait
» plus que de mauvais livres, aurait toujours fait un
» acte de sage agriculteur et de bon père de famille. »
Eglise Gall., p. 166.

(h) *Parmi nous, ces sénats orgueilleux*, etc.

» Les parlemens n'ont condamné les jésuites que
» sur quelques règles de leur institut que le Roi pouvait
» réformer et sur des maximes horribles, il est vrai,
» mais méprisées et publiées pour la plupart par des
» casuistes étrangers et désavouées formellement par
« les jésuites français.

« Il y a toujours dans les grandes affaires, un pré-
» texte qu'on met en avant et une cause véritable
» qu'on dissimule. Le prétexte de la punition des jé-
» suites était le danger prétendu de leurs livres : la cause
» était le crédit dont ils avaient abusé. Il leur est
» arrivé dans un siècle de lumière et de modération,
» ce qui arriva aux templiers dans un siècle de bar-
» barie.

Voltaire, *Siècle de Louis XV*, chapitre 38.

» Encouragés par la faiblesse d'une souveraineté ago-
» nisante, les magistrats ne gardèrent plus de mesure.
» Ils régentèrent les évêques; ils saisirent leur tempo-
» rel; ils appelèrent comme d'abus d'un institut religieux
» (les jésuites) devenu français depuis deux siècles, et
» le déclarèrent de leur chef, *antifrançais*, *antisocial*
» et même impie; sans s'arrêter un instant devant un
« concile œcuménique qui l'avait déclaré *pieux*,
» devant le souverain pontife qui répétait la même dé-
» cision, devant l'église gallicane enfin, debout devant
» eux, et conjurant l'autorité royale d'empêcher cette
» funeste violation de tous les principes. » *Eglise Gall.*, p. 15.

» On lança dans le public cette énorme compilation
» connue sous le nom d'*Extraits des Assertions* ; ou-
» vrage où fourmillent, en nombre incalculable, les
» bévues de l'ignorance et les falsifications de la malice;
» les infidélités grossières et les mensonges hardis;
« ouvrage qui, sans pouvoir inculper un seul membre
« existant de la société qu'il dénonce, transforme tout
» jésuite observateur de son institut, en un monstrueux
» assemblage de crimes, dont les uns excluent les
» les autres; ouvrage néamoins qui parut et se ré-
» pandit dans tout le royaume sous les auspices des
» parlemens et muni de leurs arrêts approbateurs. »
Louis XVI détrôné, pag. 189. *Londres*, 1800.

« M. le président Rolland, sans faire mystère de
» l'acharnement qu'il avait mis, comme tant d'autres
» de ses collégues, à poursuivre en ennemis des hom-
» mes dont il était juge, eut l'impudeur de dire, dans

4

» un mémoire imprimé à Paris en 1781, les phrases
» suivantes : *l'affaire seule des jésuites me coûtait, de*
» *mon argent, plus de soixante mille francs. Ils*
» *n'auraient pas été éteints, si je n'avais consacré à*
» *cette œuvre mon tems, ma santé, mon argent.*
» L'effrayant tribunal pour l'innocence que celui dont
» les membres pouvaient ainsi s'honorer d'une pareille
» prévarication ! » *Ibid.*

» Nous aimons à le dire néanmoins : dans tous les
» parlemens du royaume, sans en excepter celui de
» Paris, et dans la grand'chambre surtout, on vit une
» louable et courageuse minorité, élever la voix en fa-
» veur de l'innocence opprimée dans la cause des jé-
» suites. Dans quatre cours souveraines, ces religieux,
» ne furent pas seulement déclarés innocens de tous les
» crimes que leur imputaient les autres tribunaux; ils
» furent encore proclamés *les plus fidèles sujets du roi,*
» et les plus surs garans de la morale du peuple. Ces
» cours sont celles d'Alsace, de Franche-Comté, de
» Flandre et de Lorraine. *Louis XVI détr.*, pag. 192.

» Le parlement de Provence ayant osé répondre par
» un : *il n'y a pas lieu de délibérer,* à un ordre précis
» de Louis XV, qui lui enjoignait le sursis sur l'affaire
» des jésuites, le président d'Eguilles, l'Aristide de la
» magistrature française, se rendit à Versailles, et dit
» au roi : *Si l'église est constamment outragée par les*
» *jugemens rendus contre l'institut des jésuites, le trône*
» *est encore plus directement attaqué par les deux prin-*
» *cipaux motifs qui ont porté leurs ennemis à leur des-*
» *truction. Le premier de ces motifs a été visiblement*

» *d'ôter l'éducation des enfans et surtout des gens de*
» *qualité à une société toute royaliste. Le second motif,*
» *aussi dangereux que le premier, a été d'étonner tous*
» *les autres corps du royaume par la chûte effrayante*
» *de celui qui paraissait le plus inébranlable, et de leur*
» *faire sentir par là que la haine du parlement est plus*
» *à craindre que la protection du roi n'est à rechercher.*
» Ce courageux ami du trône et de la justice mérita de
» partager la persécution des jésuites et leur proscrip-
» tion. » *Louis XVI détr.*, pag. 208.

(*h*) *Et les jésuites ne purent trouver grâce devant cette justice politique qu'ils avaient invoquée contre leurs rivaux.*

« Lorsqu'au conseil de Louis XV, ce fut au tour du
» dauphin de voter sur la question de la suppression de
» l'institut des jésuites, ce prince émit son opinion en ces
» termes : *L'affaire que nous traitons est bien avancée :*
» *j'en conviens ; mais nous voyons aussi dans quel sens et*
» *par quelles étranges manœuvres. Elle est bien avancée,*
» *et ce doit être là le grand sujet de notre étonnement,*
» *que dans une affaire d'état, la magistrature se soit*
» *arrogé l'initiative sur le chef suprême de l'état, et qu'elle*
» *ait porté l'oubli de ses devoirs jusqu'à procéder, au*
» *mépris des ordres du roi. Ce bien de la paix, cette*
» *tranquillité publique dont on nous parle, et que je*
» *crois désirer autant que personne, ils sont dans le*
» *respect pour la justice et pour l'autorité, et ne sont*
» *que là. Non, ce ne sera pas dans ce conseil, je l'espère,*

» *que la passion des oppresseurs deviendra le crime des*
» *opprimés. Je déclare, en conséquence, que ni en hon-*
» *neur, ni en conscience, je ne puis opiner pour l'extinc-*
» *tion de cette société d'hommes précieux, aussi utile*
» *au maintien de la religion parmi nous, que nécessaire*
» *à l'éducation de la jeunesse.* » Vie du Dauphin, par Proyart, et Louis XVI détrôné. Londres, 1800. pag. 209.

(i) *Qui du fond de la retraite répandit de précieuses lumières, et rendit d'importans services aux sciences, aux lettres et surtout à l'enseignement.*

« Si l'esprit de secte, fait pour tout gâter, engagea
» ces grands hommes dans de malheureuses querelles
» qui troublèrent leur siècle et dont le funeste contre-
» coup s'est fait sentir jusques dans le nôtre, ici nous
» ne voyons en eux que les bienfaiteurs des lettres, et
» nous ne pouvons que rendre hommage aux monumens
» qu'ils nous ont laissés. Héritiers et disciples de la lit-
» térature des anciens, ils nous apprirent à le devenir.
» Les excellentes études qu'ils dirigeaient, leurs prin-
» cipes de grammaire et de logique, les meilleurs que
» l'on connut jusqu'à eux, et encore bons aujourd'hui ;
» leurs livres élémentaires qui ont fourni tant de secours
» pour la connaissance des langues ; leurs ouvrages écrits
» sainement et avec pureté, et ce mérite qui n'appar-
» tient qu'à la supériorité, de savoir descendre pour
» instruire ; voilà leurs titres dans la postérité, voilà ce
» qui servit à consommer la révolution que le goût at-
» tendait pour éclairer le génie. Pour tout dire, en un
» mot, c'est de leur école que sont sortis Pascal et Ra-

» cine; Pascal qui nous donna le premier ouvrage où
» la langue ait paru fixée et où elle ait pris tous les tons
» de l'éloquence; Racine, le modèle éternel de la poésie
» française. » Laharpe, *Cours de Littérature*, tom. IV,
pag. 72.

« Celui qui dirait que le grand Condé apprit chez les
» jésuites à gagner des batailles, raisonnerait tout aussi
» juste que Laharpe le fait dans cette occasion. Le génie
» ne sort d'aucune école; il ne s'acquiert nulle part et
» se développe partout..... Ceux qui présentent ces
» grands hommes comme des productions de Port-
» Royal, se doutent peu qu'ils lui font un tort mortel
» auprès des hommes clairvoyans; on ne lui cherche de
» grands noms que parce qu'il en manque...... Non-
» seulement les talens furent médiocres à Port-Royal,
» mais le cercle de ces talens fut extrêmement restreint,
» non-seulement dans les sciences proprement dites,
» mais encore dans ce genre de connaissances qui se
» rapportaient le plus particulièrement à leur état. On
» ne trouve parmi eux que des grammairiens, des bio-
» graphes, des traducteurs, des polémiques éternels,
» etc. Du reste, pas un hébraïsant, pas un helléniste,
» pas un latiniste, pas un antiquaire, pas un lexicogra-
» phe, pas un critique, pas un éditeur célèbre, et à plus
» forte raison (Pascal toujours excepté), pas un mathé-
» maticien, pas un astronome, pas un physicien, pas
» un poëte, pas un orateur; ils n'ont pu léguer un seul
» ouvrage à la postérité. Etrangers à tout ce qu'il y a de
» noble, de tendre, de sublime dans les productions du
» génie, ce qui leur arrive de plus heureux et dans leurs
» meilleurs momens, c'est d'avoir raison. » *Eglise Gall.*,
pag. 43 et 47.

(*k*) *Parut les soumettre à son autorité.*
(*l*) *Et heureuse de la pratique de tous les devoirs.*

« Le Paraguay peut nous fournir cet exemple. On a
» voulu en faire un crime à la société *des jésuites*, qui
» regarde le plaisir de commander comme le seul
» bien de la vie; mais il sera toujours beau de gouver-
» ner les hommes en les rendant plus heureux.

« Il est heureux pour elle d'avoir été la première
» qui ait montré, dans ces contrées, l'idée de la reli-
» gion jointe à celle de l'humanité. En réparant les
» dévastations des Espagnols, elle a commencé à guérir
» une des grandes plaies qu'ait encore reçues le genre
» humain.

« Un sentiment exquis qu'a cette société pour tout
» ce qu'elle appelle *honneur*, son zèle pour la religion,
» lui ont fait entreprendre de grandes choses et elle
» a réussi. Elle a retiré des bois des peuples dispersés;
» elle leur a donné une subsistance assurée; elle les a
» vêtus : Et quand elle n'aurait fait par là qu'augmen-
» ter l'industrie parmi les hommes, elle aurait beau-
» coup fait. » *Montesquieu, Esprit des Lois.* Liv. IV.
chap. VI.

(*m*) *Ils eussent été, n'en doutons pas, contre les efforts des novateurs, les plus fermes boulevarts de la civilisation.*

« Les jésuites, à titre seul d'instituteurs publics,

» pouvaient être regardés comme les premiers appuis du
» trône, et l'éducation qu'ils donnaient à la jeunnesse,
» était le plus sûr garant de la soumission des peuples à
» toutes les autorités légitimes. Cette éducation n'était
» pas un mystère : elle ne différait pas, quant aux prin-
» cipes, de celle qui avait fondé la monarchie. C'était
» l'éducation que Charlemagne avait pris soin de met-
» tre en vigueur jusques dans son palais, celle qu'a-
» vait perfectionnée la sagesse de nos rois.

« La science politique des vertus chrétiennes et so-
» ciales, était le but capital de cette éducation et le
» grand régulateur de toutes les branches d'instructions
» dont elle se compose. Les jésuites, pénétrés de la
» sublimité des fonctions qui les établissaient comme
» les arbitres de la perpétuité du bonheur dans les gé-
» rations futures, s'empressaient de puiser dans la re-
» ligion, pour le communiquer à leurs élèves, ce feu
» sacré non moins propre à éclairer les esprits qu'à fé-
» conder les cœurs.... La philosophie de la religion
» était la seule qui leur parut capable de hâter la ma-
» turité du jugement, soit en refrénant la fougue des
» passions naissantes, soit en rectifiant leurs travers....

» C'est en parlant à leurs élèves au nom de la reli-
» gion, qu'ils leur avaient appris à chérir, qu'ils trou-
» vaient le secret de fixer les esprits et d'ouvrir les
» cœurs à la confiance. C'est par là, que ses maîtres
» industrieux doublaient, pour ainsi dire, les années
» de l'enfance, qu'ils familiarisaient la jeunesse avec
» l'âge mur, et que, dans le même temps qu'ils accé-
» léraient le développement des talens naturels, ils
» savaient les rendres utiles à la société, en dépouillant

» le savoir humain de cette malignité de l'orgueil, plus
» à redouter au sein des états, que toutes les ténèbres de
» l'ignorance.

« Détruire les jésuites, c'était donc renverser ce pré-
» cieux édifice de notre éducation nationale, c'était
» préparer un ébranlement général dans la morale publi-
» que ; c'était surtout priver nos rois de l'avantage inap-
» préciable de préparer une génération affectionnée par
» la religion, à l'autorité monarchique.

n'était pas uniquement comme instituteurs de
» la jeunesse, c'était sous tous les rapports qui unissent
» la religion à la politique pour le gouvernement des
» mœurs, que les jésuites formaient une corporation
» essentielle dans l'état. Sans parler des services qu'ils
» ne cessaient de rendre aux sciences et aux arts utiles,
» leurs sages écrits, devenaient l'antidote toujours pré-
» sent, des erreurs sans cesse renaissantes. Docteurs
» éclairés du peuple dans la foi, ils étaient ses guides
» fidèles dans la morale ; et nul ordre, nul institut re-
» ligieux parmi nous, ne pût leur être comparé pour
» le talent de faire passer la vérité dans les âmes, de ren-
» dre le vice odieux et les vertus aimables. C'était chez
» eux que le grands allaient apprendre les vrais moyens
» de faire chérir et respecter la grandeur ; et les petits,
» la manière de trouver le bonheur dans les devoirs de
» la dépendance.....

« Le nom seul de *Jésuites* appelait ces religieux à
» partager les persécutions de l'Homme-Dieu dont ils
» se proposaient plus particulièrement de propager la
» doctrine et d'exprimer les vertus. Le sectaire rigo-
» riste avait accusé leur morale de relâchement,

» le courtisan licencieux la taxait de sévérité; tant la
» vertu religieuse de ces vénérables pères s'appliquait à
» chercher la perfection dans ce milieu si difficile à
» saisir, où la sagesse divine elle-même a semblé l'in-
» diquer. Le vice ombrageux à la cour, une jalouse ri-
» valité à la ville, leur reprochaient de l'ambition. Ils
» avaient, en effet, de l'ambition, comme en avaient eu
» Ignace et Xavier; c'était un zèle pur et actif qui se
» portait à tous les genres de bonnes œuvres et embras-
» sait l'humanité toute entière dans l'immensité de ses
» besoins. Au sortir de ces palais fastueux où ils ve-
» naient de peser les péchés des rois et de recueillir
» les aumônes qui les rachètent, on les voyait descen-
» dre humblement dans la cabane du pauvre, et deve-
» nir au sein des familles malheureuses, des anges de
» consolation. Aucun lieu de l'Empire, aucun âge,
» aucune profession n'échappait à leur active et indus-
» trieuse charité. Le paysan dans nos campagnes, le
» soldat dans nos villes de guerre, le matelot sur nos
» ports, le pestiféré même dans nos hôpitaux, le cri-
» minel au fond des cachots, tous les membres enfin
» de la famille française, depuis le monarque jusqu'au
» dernier de ses sujets, devenaient les débiteurs de ces
» hommes apostoliques.

« Dans tous les temps de l'année, un public insatia-
» ble de leçons qu'ils ne cessaient de lui donner, tan-
» tôt faisait foule pour les entendre autour des chai-
» res chrétiennes, tantôt assiégeait les tribunaux sacrés
» où, à toutes les heures du jour, leur infatigable cha-
» rité les constituait les pacificateurs des consciences.
» Dans l'intérieur de leurs maisons, l'état trouvait un

» milier de précieuses écoles de vertus dont leur zèle
» faisait tous les frais, et qui, sous le nom de *congréga-*
» *tions*, avaient, entr'autres avantages, celui de pro-
» téger les mœurs contre le désœuvrement des jours de
» fêtes: c'était de ces assemblées religieuses que l'im-
» piété désespérée voyait sortir l'homme public, tou-
» jours plus pénétré de ces devoirs, le riche, plus gé-
» néreusement sensible à la misère du pauvre, l'époux
» plus affectionné à son épouse, le fils plus soumis à
» ses parens, l'artisan plus affermi dans la probité, le
» sujet, plus dévoué à son Roi.

« Telle était aux yeux de la France impartiale, cette
» société de vrais religieux, le juste effroi du sectaire et
» de l'impie, société dont le sage héritier du trône
» (Mgr. le Dauphin), connaissait tout le prix, qu'il
» aurait voulu conserver à la nation; mais qu'il eût la
» douleur de voir tomber sous la hache philosophique. »
Louis XVI détr., pag. 201 et suiv.

(n) *Il blâmait avec une extrême énergie la conduite des chefs de ce parti.*

« Une chose peut diminuer l'admiration de cette
» haine qu'il portait aux séditieux; c'est qu'il s'éleva
» de son temps une guerre la plus injuste qu'on vit ja-
» mais et la plus préjudiciable au bien de la monar-
» chie. A la vue des suites terribles qu'eût la sédition
» où les Parisiens se portèrent en 1648, pour remettre
» en liberté quelques magistrats, il n'y a point d'hon-
» nête homme qui ne conçut de l'horreur contre les

» soulèvemens et qui ne raissonnât à peu près comme
» Balzac, et même avec moins de ménagement pour
» le chef funeste de la révolte. *On commence ici à se*
» *rassurer, dit-il, depuis que le siége de Cognac est levé,*
» *et nous n'appréhendons plus tant pour notre pro-*
» *vince. Mais quand la paix se ferait demain, cette*
» *courte guerre y laissera une longue mémoire des*
» *maux qu'elle a faits. Si on réforme et si on règle*
» *ainsi les états, bienheureux sont les états qu'on*
» *laisse dans la corruption et dans le désordre. Le hé-*
» *ros de M. d'Ablançourt a été le mien; mais nous dé-*
» *testons également la guerre civile, et ne la pardon-*
» *nons pas même à Jules-César, quoique nous tradui-*
» *sions ses Commentaires.* » Bayle, Dict. his. et crit.
art. *Pascal*, tom. 3. pag. 2187. colon. 2. édit. de 1720.

(o) *Cette feuille trouvée après sa mort auprès de son cœur.*

L'an de grâce 1654,
Lundi 23 novembre, jour de Saint-Clément,
pape et martyr,
depuis environ dix heures du soir,
jusques environ minuit et demi.

Feu.

Dieu d'Abraham, Dieu d'Isaac, Dieu de Jacob,
non des Philosophes et des Savans;

certitude, certitude, sentiment, VUE, joie, paix!
Dieu de J.-C.

Deum meum et Deom vestrum. JEAN 20, 17.

Ton Dieu sera mon Dieu *Ruth.*

Oubli du monde et de tout, hormis Dieu!
Il ne se trouve que par les voies enseignées dans l'évangile.

ô Grandeur de l'âme humaine!
Père juste, le monde ne t'a point connu ;
mais je t'ai connu.

Joie, joie, pleurs de joie.
Je m'en suis séparé.
Dereliquerunt me, fontem aquæ vivæ.

Mon Dieu me quitterez-vous?
Que je n'en sois pas séparé éternellement.
Vie éternelle, qu'ils te connaissent, vrai Dieu, et celui que tu as envoyé,

Jésus-Christ, Jésus-Christ, Jésus-Christ.
Je m'en suis séparé, je l'ai fui, renoncé, crucifié.
que je n'en sois plus jamais séparé.
renonciation totale et douce.
Soumission totale à J.-C. et à mon directeur.
Éternelle joie, pour un jour d'exercice sur la terre !

Non obliviscar sermones tuos. Amen.

(*p*) *Le pauvre auquel il accordait l'hospitalité.*

« Pascal avait donné un logement dans sa maison à
» un homme fort pauvre qui avait avec lui un enfant en

» bas âge. Ce dernier fut atteint de la petite vérole dans
» le temps même où Pascal éprouvait les crises violen-
» tes qui précédèrent sa mort de peu de jours. Madame
» Perrier était venue à Paris pour donner des soins à
» son frère, et avait amené ses enfans qui n'avaient
» pas eu la petite vérole. La crainte de leur apporter la
» contagion, en venant de la maison de son frère, lui
» avait fait comprendre la nécessité de renvoyer l'en-
» fant du pauvre. Pascal ne voulut point y consentir ;
» ce fut lui qui quitta sa demeure pour n'y plus ren-
» trer. Il se fit transporter dans l'appartement qu'occu-
» pait sa sœur, où il mourut le 19 août 1662. » *Notice biograph. V. Vie de Pascal, par Mad. Perrier.*

(*q*) *Aux superbes dédains de l'incrédulité.*

» Voltaire et Condorcet sentaient tout le poids du té-
» moignage de Pascal, contre le mépris affecté que les
» philosophes du dix-huitième siècle montraient à l'é-
» gard des dogmes de la religion chrétienne. Ils imagi-
» nèrent d'attaquer ce géant et ne trouvèrent pas de
» moyen plus sûr que de le faire descendre à la portée
» de leurs sophismes. Condorcet se chargea de le mutiler,
» et Voltaire couvrit de boue les fragmens dénaturés par
» son disciple. C'est en vérité le repas souillé par les
» harpies. *Les Pensées de Pascal* données par Condor-
» cet et commentées par Voltaire, me représentent le

temple de *Notre-Dame* livré aux Jacobins par Chaumette et par Laloi. »

Linguet, des Fausses assertions, inéd.

---

* L'ouvrage remarquable des *Fausses assertions*, par Linguet, sera donné incessamment au public, par les soins de l'auteur de cet écrit.

ERRATA.

Page 18. ligne 9 ; le rendre ; *lisez* la rendre.
Pag. 21 commencement du deuxième alinéa. Vraiement. *lisez* vrament.
Pag. 23, lig. 3 ; du Port-Royal ; *lisez* de Port-Royal.

www.ingramcontent.com/pod-product-compliance
Lightning Source LLC
LaVergne TN
LVHW022126080426
835511LV00007B/1043